Isles of Firm Ground

ISLES *of* FIRM GROUND

Ignacio Ruiz-Pérez

TRANSLATED BY MIKE SOTO

DALLAS, TEXAS

Phoneme Media, an imprint of Deep Vellum
3000 Commerce St., Dallas, Texas 75226
deepvellum.org · @deepvellum

Deep Vellum is a 501c3 nonprofit literary arts organization
founded in 2013 with the mission to bring
the world into conversation through literature.

Originally published as *Islas de tierra firme* by Aldus Poesía in 2015

Support for this publication was provided in part by the Texas Commission
on the Arts and the National Endowment for the Arts.

Library of Congress Control Number: 2022932191

First Edition, 2022

ISBN (paperback): 978-1-64605-129-8
ISBN (eBook): 978-1-64605-130-4

Typesetting by KGT
Cover design by Chad Felix

PRINTED IN THE UNITED STATES OF AMERICA

índice / Contents

Para Daniela, Balam, Miranda e Ilya

For Daniela, Balam, Miranda, and Ilya

Litoral

COAST

Apostillas a un poema de William Blake

Tigre, tigre, tu perfil es un horizonte solitario
y tu piel una lenta furia.

El sol parece seguirte como un cuchillo a su presa
pero no, es el aura de un ángel
en tus colmillos de fiero acento.

Basta un rugido y una parvada de tordos
migra en tu cuerpo de rayas verticales.

Tigre, tigre, ¿qué mano osó tornar
de ascua en fuego vivo tus pupilas?

NOTES ON A POEM BY WILLIAM BLAKE

Tiger, Tiger, your profile is a lone horizon
and your flesh a slow fury.

The sun seems to follow you like a knife to its prey
but no, it's the aura of an angel
in the fierce accents of your fangs.

It takes but one roar and a flock of thrushes
migrate into the vertical stripes of your body

Tiger, Tiger, what hand dared turn
the embers of your pupils into a living fire?

Litoral

Hasta las olas del mar anticipan el viento
que habrá de ondularlas.
El ojo da forma a la orilla y la imagen
revienta el cuerpo en la espesura del iris.
Al fondo, las barcas tiemblan.
Luego, la palabra se sacude como un pez en la red
bajo la vista cansada del pescador
que contempla las evoluciones, los aletazos
y los traspiés de las gaviotas ebrias.

COAST

Even the waves of the sea anticipate the wind
that will make them undulate.
The eye defines the edge and the image
bursts its body in the thicket of the iris.
At the bottom, the boats tremble.
Then, the word beats like a fish in a net
under the tired stare of the fisherman
that contemplates the evolutions, the flapping
and the stumbling of the drunken seagulls.

Edgar Allan Poe agoniza en Washington College Hospital

El agua que va y viene
se cuenta como la fijeza del insecto
antes de morir abrasado.

¿Qué he visto en el horizonte?
Sólo gaviotas,
nubes como islas,
veleros que se bambolean
al pie de los muelles.

(Si digo estas palabras
es para ver el regreso de los barcos
a la sombra de un árbol.)

Vuelvo la vista cansada
y el día llega a su fin.

EDGAR ALLAN POE DYING AT WASHINGTON COLLEGE HOSPITAL

The water that comes and goes
is counted like the fixity of an insect
before it dies consumed in flames.

What have I seen on the horizon?
Only seagulls,
clouds like islands,
sailboats swaying
at the feet of the docks.

(If I say these words
it's to see the boats returning
to the shade of a tree.)

I look back tired
and the day comes to an end.

Canción del ciervo herido

Un ciervo herido: cuántas veces no he soñado
esa imagen ardiendo. Y siempre que la vi
me dispuse a registrar su cuerpo lacerado,
su cornamenta trazando un tibio resplandor de ramas.
Pero el ciervo huía del fuego
y mis labios sólo pronunciaban la mirra de su paso.
Si vislumbraba sus huellas en la hojarasca,
era su imagen lo que perseguía
y de pronto yo mismo tropezaba con las llamas
intuyendo el zarpazo de un tigre que no era yo
sino mi sombra ardiendo en el bosque.

SONG OF THE WOUNDED DEER

A wounded deer: how many times have I not dreamed
that burning image. And whenever I saw it
I resolved to take stock of its lacerated body,
its antlers tracing a warm spectacle of branches.
But the deer fled the fire
and my lips pronounced only the myrrh of its passing.
If I made out its tracks in the fallen leaves,
it was its image that I pursued
and stumbled suddenly into the flames myself
intuiting being clawed by a tiger that was not me
but my shadow burning in the forest.

Madame X

En el silencio de tus manos
una rosa es una rosa
y sin embargo
la noche no discurre
porque todo en ti
es noche encendida.

Cortas otra rosa:
el silencio de tus manos vuela
y todo vuelve a quedar
a oscuras.

MADAME X

In the silence of your hands
a rose is a rose
and yet
night does not fall
because everything in you
is night ignited.

You cut another rose:
the silence of your hands flies
and everything remains
in the dark.

Las horas aprendidas

Árboles, nada más que árboles sorprenden el paso del día,
la boca hambrienta del lobo, los árboles cada vez más árboles
y la espesura cada vez más espesura.

¿No sorprenden también la pálida luz de las colinas,
las magnolias, los cardos del jardín
y las intenciones del sueño?

En verdad lo digo: nada queda en el horizonte,
ni el discurrir de la isla desierta
ni la escritura del viento en la constancia del polvo.

THE LEARNED HOURS

Trees, nothing more than trees surprise the passing of the day,
the hungry mouth of the wolf, the trees each time more trees,
and the thicket each time thicker.

Aren't the pale light of the hills,
the magnolias, the thistles of the garden
and the intentions of the dream also surprising?

I'll tell you the truth: nothing remains on the horizon,
not the passing of the deserted island
nor the writing of the wind in the constancy of dust.

Orfeo abandona el infierno

Así dejé la noche de los tiempos
y tracé árboles que conmovieron piedras
y entonaron acentos como pájaros

y los pájaros volaron toda la tarde
y se posaron en el cráneo del sol
y yo subí sin verbo ni lengua

y mi lengua fue un agujero
y en ella anidó el espanto
y en el espanto estabas vos
ardiendo en aguas muertas llamas vivas.

ORPHEUS ABANDONS HELL

That's how I left the night of time
and traced trees that moved stones
and intoned accents like birds

and the birds flew all afternoon
and settled in the skull of the sun
and I arose without verb nor tongue

and my tongue was a hole
and in it fear nestled
and in the fear was you
burning in dead waters living flames.

Los gatos

Han bajado a dormir en mis venas,
a rasgar la luz mínima de la sala.
Han subido al sofá y han entrado
en los paisajes cenizos de los estantes.
Alguien afirmó que eran corceles
de un infierno imposible.
En realidad son seres diminutos,
ligeras ondas en las corrientes del Estigia.

Cuando la niebla se desplaza de norte a sur
salen a recorrer las calles.
Les inquieta el ruido de los autos,
el tambaleo de las jóvenes ebrias,
el carmín de los labios,
los pechos falsos de los paseantes.

Brincan de un patio a otro.
Se trata de algo más que un ritual,
ejecutan ante todo el equilibrio del mundo.
"Son del diablo", me comentó un amigo
mientras veíamos las siluetas
que se agrandaban contra el muro
del departamento, una y otra vez.

THE CATS

They've come down to sleep in my veins,
to tear the minimal light of the living room.
They've climbed onto the sofa and entered
the ashen landscapes of the shelves.
Someone claimed they were steeds
of an impossible hell.
In reality they are tiny beings,
slight ripples in the currents of the Styx.

When the fog moves from North to South
they go out to roam the streets.
The noise of traffic disturbs them,
the staggering of drunken young women,
the carmine of lips,
the fake breasts of passersby.

They jump from one courtyard to another.
It's more than a matter of ritual,
above all they perform the balance of the world.
"They're from the devil," a friend told me
while we watched their silhouettes
grow larger against the wall
of the apartment, over and over again.

Poeta ciego

Jamás me dijeron que tenía que sentir

nunca me dijeron:
"si sientes verás cómo sube el nivel del mar
y en tu cabeza bulle ese pensamiento
que eres incapaz de sentir"

tampoco me dijeron:
"levántate, anda y abre tu pecho
para que de su agujero
salga el hábito siempre pulcro de estar sintiendo"

atajaba el crepúsculo
o hundía cierta daga en mis venas
pero yo sólo sentía esta oscura tristeza

pensaba: "antes de seguir sintiendo debería sentir
lo que dicen los árboles,
debería encontrar en mi garganta sus raíces profundas
como el miedo celeste,
como los dedos del dios trazando mi destino en la playa"

BLIND POET

I was never told that I had to feel

never told:
"if you feel you'll see how the sea level rises
how that thought that you are incapable
of feeling boils in your head"

I was also never told:
"get up, go and open your chest
so the always neat habit of feeling
can come out of its hole"

I parted twilight
or plunged a certain dagger into my veins
but I only felt this dark sadness

thought: "before I continue to feel I should feel
what the trees are saying,
I should find in my throat the depth of their roots
like celestial fear,
like the fingers of God tracing my destiny on the beach"

oía el golpe del viento,
la rotación de la tierra, el romper de la marea
y la soledad inundaba mi habitación

y aun así sentía por sentir
y me preguntaba si sentir era parte del método
o una adivinanza del corazón.

I heard the blow of the wind,
the rotation of the earth, the breaking of the spell
and the solitude flooding my home

and still I felt to feel
and wondered if feeling was part of the method
or a riddle of the heart.

No quiero nada que no sea sentir ni sentir nada que no quiera

sólo quiero que simplemente me digan
si los jardines son lo que son por sus rosas
o por el simple hecho de ser jardines

lo demás (lo digo en serio) me tiene sin cuidado

me tiene sin cuidado, por ejemplo,
que la noche sea más alta que tu ausencia
o que los astros titilen a lo lejos

tampoco me preocupan el rostro roído de la muerte,
el vaivén del ahorcado, la tentación del suicida
y el espanto del mudo

no, no me importa el silencio por su carencia de todo
sino por lo que dice de todo.

I don't want anything that is not feeling nor feel anything that I don't want

I simply want to be told
if the gardens are what they are because of their roses
or for the simple fact of being gardens

as for the rest (seriously) I could care less

I could care less, for example,
that the night is higher than your absence
or that the stars shimmer in the distance

nor do I care about the gnawed face of death,
the swaying of the hanged man, the temptation of suicide
and the fear of the mute

no, I don't care about silence for its lack of everything
but for what it says about everything.

Orfeo *revisited*

Yo avanzo y no encuentro más que vacío,
ruinas de una ciudad en llamas

todo pasa en mi memoria:
el claro envés de las horas, el tibio silencio,
las palabras no proferidas...

yo soy en medio de los restos
y aunque descubro los contornos
de edificios, muros y parques,
a veces, sólo a veces,
consigo adivinar su nombre

una imagen enciende mis ojos,
el silencio se aclara y deja pasar el sol,
de pronto un anuncio de borrasca
deslíe la frase y retorna la tarde

yo soy mudo porque mi lengua
se enreda en las cosas;
también soy ciego porque aun con luz
mi pie es lento y torpe mi vigilia

sólo cuando desvío la mirada

ORPHEUS *REVISITED*

I go forward and find nothing but emptiness,
ruins of a burning city

everything happens in my memory:
the clear underside of the hours, the warm silence,
the unspoken words . . .

I am in the middle of the remains
and even though I discover the contours
of buildings, walls and parks,
sometimes, only sometimes,
can I guess his name

an image ignites my eyes,
the silence clears and lets the sun pass,
suddenly a storm announces itself
I untie the phrase and the afternoon returns

I am mute because my tongue
gets tangled up in things;
I'm also blind because even with light
I am a step slow and my vigil is lacking

only when I avert my gaze

se enciende mi pensamiento
y vuelvo a ver los edificios, los muros
y los jardines de la ciudad en llamas.

do my thoughts ignite
and I see again the buildings, the walls
and the gardens of the burning city.

Avíos de equitación

HORSE TACK

Espuela

La espuela se adhiere al calzado para acelerar el viaje y el paso del rocín. Si en el camino media una cuesta, una ladera o una encina, demora el viaje o lo prolonga.

La espuela es también una espiga sin vaina, un sol sin planetas. Su sistema solar muerde el movimiento y si se detiene sólo es para articular el vacío: el jamelgo retrocede, gira o trota en el empedrado. Pieza de artillería, su brevedad concentra el peso del mundo.

Aunque suele confundírsele con el espolón, los gallos saben que la espuela no se hinca en el cuello y que su cáliz amargo sirve para hostigar el pie del andante, semilla de madroño, germen espurio, pausa en la hoguera del día.

Spur

The spur adheres to the footwear in order to speed up the journey and pace of the nag. If on the road there is a slope, hillside or an oak, the journey is delayed or prolonged.

The spur is also a spike without a sheath, a sun without planets. Its solar system bites into motion and if it stops it is only to articulate the void: the nag backpedals, turns or trots on the cobblestones. Piece of artillery, its brevity concentrates the weight of the world.

Even though it is often confused with the spur of a rooster, roosters know the spur is not to be driven into the neck and that its bitter calyx serves to harass the foot of the rider, strawberry seed, spurious germ, pause in the bonfire of day.

Brida

Para Luis Gómez Lang
y María José Rodríguez

Aunque el paisaje se mueve, el jinete permanece fijo cuando coge entre sus manos las riendas del aire, el canto de los petirrojos, el murmullo del agua. De ahí que retroceder y marchar hacia el frente sea una cuestión de método: se avanza para podar matorrales o bien para descubrir la cueva donde se oculta la perdiz. En cambio, se retrocede para recuperar el trazo de la presa o la brizna de encino que el pensamiento del jinete rompe con su paso alado.

Bridle

For Luis Gómez Lang
and Maria José Rodriguez

Although the landscape moves, the rider remains focused when he takes in his hands the reins of the air, the song of the robins, the murmur of water. Hence, may backtracking and marching toward the front be a question of method: one advances to prune bushes or better yet to discover the cave where the partridge hides. Instead, one backtracks to recover a trace of the prey or the blade of an oak that the rider's thought breaks with his winged stride.

Silla

"Para nacer, poca tierra; para morir, toda la tierra", piensa el caballero al dejarse caer sobre la montura para seguir la sombra fugitiva del ciervo. El jinete se abre camino entre zarzas, bellotas y vados; no obstante, sólo el mediodía confirma su andar a ciegas en un corro de ángeles caídos.

Con el fin de la tarde, el jamelgo piafa y el vuelo torpe y suicida de los gallos impide que el jinete contemple el paisaje más allá de sus narices. Entonces la montura (tierra partida en dos) describe una honda profecía que acaso tenga más que ver con el desconcierto del caballero que con la presa que sigue como si en ello se le fuese el alma.

Saddle

"To be born, a little earth; to die, all of the earth," thinks the horseman as he drops himself into the saddle to chase the fugitive shadow of the deer. The rider makes his way through brambles, acorns, and fords; however, only noon confirms his blind wandering in a ring of fallen angels.

With the end of the afternoon, the nag rears up and the clumsy and suicidal flight of the roosters prevents the rider from contemplating the landscape beyond his nose. Then the saddle (earth split in two) describes a profound prophecy that may have more to do with the horseman's bewilderment than with the prey that he follows as if it were his soul.

Cincha

En su red de curvas y perpendiculares hay algo de la trayectoria que rompe los cascos del rocín; hay algo, también, del cráneo que sirve de tiesto en una ventana cuando el sol entra a saco y se escucha su titilar—esperma de ballena. Si algo sorprende de la cincha es su voluntad de asirse al cuerpo nublado del corcel aun cuando su fijeza es rizo que se deshebra al paso del sol. Pero más sorprende que la faja sea semejante a la ruta que el jinete descubre en sueños y que, por una mala pasada, la silla hile un juego de luces y flamas, malabar en la tierra, clase de solfeo en piano roto.

Girth

In its network of curves and perpendiculars there is something about the trajectory that breaks the nag's hooves; there is something, also, about the skull that serves as a flowerpot in the window when the sun comes directly inside and a flickering is heard—whale sperm. If there is something surprising about the girth, it's the will to cling to the steed's cloudy body even when its fixed state is a curl that unravels in the sun. But more surprising that the girdle is like the route the rider discovers in dreams and that, through a trick, the saddle strings together a game of light and flame, a juggling on the ground, a kind of music theory on a broken piano.

Estribo

El estribo es un reflejo de la tierra: semeja valles y montañas, y sobre todo confirma que el destino del jinete es el suelo. Bien mirado, el estribo es lo único que ata al caballero a la tierra que lo vio nacer. El pie, fino estilete, se introduce para degollar el crepúsculo y dar inicio a la batalla contra la inercia de la caída. Por eso el jinete emplea el estribo como quien se apoya en una escalera, no para ascender sino para retardar el desvanecimiento de su cuerpo sin nadie en la grava del camino.

Stirrup

The stirrup is a reflection of the earth: similar to valleys and mountains, and above all confirms that the destiny of the rider is the ground. Well examined, the stirrup is the only thing that ties the horseman to the earth that witnessed his birth. The foot, fine stiletto, is inserted to slit twilight and begin the battle against the inertia of falling. That's why the rider uses the stirrup like someone who stands on a ladder, not to ascend but to delay the fading of his body on the gravel of the empty road.

Islas de tierra firme

ISLES OF FIRM GROUND

Para Alicia, dos veces

(limbo)

el gesto en las aguas y la maleza
el hábito de dormir
la respiración de las olas sin rumbo

después el chapoteo
las brazadas
los golpes de espuma en el fasto
que protege la zona costera:
los buques reposan entre los restos de coral
y las algas filtran la luz
como cuerpo vacío al que los peces
se quedan prendados con las agallas abiertas
las aletas rotas
y la mirada fija:

For Alicia, twice

(limbo)

the gesture in the waters and the weeds
the habit of sleeping
the breath of the aimless waves

after the splash
the strokes
the crashes of foam in the splendor
that protects the coastal zone:
the ships sit among the coral remains
and algae filter the light
like an empty body to which fish
remain enchanted with open gills
torn fins
and their gazes fixed:

he aquí los designios del agua:
el vuelo de las gaviotas describe un arco sin arquero
una flecha rota
un bosque de corales
una carta de relaciones para dejar testimonio
de los asuntos nocturnos

here are the designs of water:

the flight of the seagulls describes a bow without an archer

a broken arrow

a coral forest

a letter of relation to leave testimony

of nocturnal affairs

habría que apuntar el desplazamiento
de troncos encandilados a la diminuta capa del aire,
quebrar de hojarasca que lleva noticias del invierno
a un muelle de casas y cúpulas como pezones maduros
abiertos a la luz del sol

The shifting of trunks dazed
by a thin layer of air should be noted,
break in the falling leaves that brings news of winter
to a dock of houses and domes like ripe nipples
open to the light of the sun

porque el ave extiende las alas
y levanta el polen,
así el incienso satura la piel
que dispone el ritmo de viaje,
la nubosidad que anticipa la borrasca
en el resplandor de quien vuelve tarde a su lecho
y lo encuentra vacío

because the bird spreads its wings
and raises the pollen,
so the incense saturates the skin
that sets the pace of the journey,
the cloud cover that anticipates the storm
in the glow of those who return late to their bed
and find it empty

Para mis padres

Para Ana Luisa

la mañana es una elipsis en la que caben muelles,
bahías de brazos largos y extendidos, penínsulas, esteros,
entradas de mar y manglares estrangulando la masa acuática
donde palpitan moluscos que deslizan el cuerpo aterido de luz,
nichos de ángeles zumbando encandilados alrededor del sol,
algarabía de plumas y pasadizos que describen el trazo lento
de las gaviotas mientras se alejan (oscuras) al filo del agua

For my parents

For Ana Luisa

the morning is an ellipsis where piers fit,
bays with long and extended arms, peninsulas, estuaries,
sea inlets and mangroves strangling the aquatic mass
where mollusks that slide from bodies frozen with light throb,
niches of dazzled angels buzzing around the sun,
commotion of feathers and passageways that describe the slow stroke
of seagulls as they move away (darkly) to the edge of the water

(trayectoria)

la brasa en los ojos del lobo
el lobo posado a la vera del bosque
el bosque en los restos del sol
el sol en la fronda del sauce
el sauce al pie de la noria
la noria en el fondo del agua
el agua en la respiración de la noche
la noche en la voz del crepúsculo
el crepúsculo en las alas del ave
el ave en las fauces del lobo

(*trajectory*)

the ember in the eyes of the wolf
the wolf perched on the edge of the forest
the forest in the remains of the sun
the sun in the fronds of the willow
the willow at the foot of the waterwheel
the wheel at the bottom of the water
the water in the breath of the night
the night in the voice of twilight
the twilight on the wings of the bird
the bird in the jaws of the wolf

un ave canta: su vacilación es el equilibrio de las hojas
y sus plumas el orden de la mañana
pero ¿qué ocurre si el pájaro abandona su canto
y las plumas no conciertan el aire?
¿qué ocurre si el ave decide migrar y las plumas
son la forma inexacta de un arpegio que ha salido de la escala
como el ave de su vuelo?

a bird sings: its wavering is the balance of leaves
and its feathers the order of morning
but what happens if the bird abandons its song
and the feathers don't harmonize with the air?
what happens if the bird decides to migrate and the feathers
are the inexact form of an arpeggio that has gone off the scale
like the bird from its flight?

el ave contradice a la caída,
la lengua al silencio
y el agua al fuego
que es ave, lengua y pez

the bird contradicts falling,
the tongue silence
and water fire
which is bird, tongue and fish

el pájaro vuelve al aire,
los astros regresan al cascarón del alba,
la luz recompone su paso
y la playa tiembla entre las olas dormidas

the bird returns to the air,
the stars return to the shell of dawn,
the light recomposes its step
and the beach trembles among the sleeping waves

también se podría decir que el alba
es el cascarón del sol
y que el cielo encierra una pregunta:
¿de qué simetría beben las aves
cuando trazan su movimiento errático?

it can also be said that dawn
is the shell of the sun
and that heaven contains a question:
From what symmetry do birds drink
when they trace their erratic movement?

(partitura)

1. si la noche es la boca del lobo
la oveja es la dentellada

(lobo y oveja comparten
el mismo reflejo)

2. para comprobar el rumbo de las nubes
es necesario ver al arquero tensar la cuerda
o al pie desandar el camino

(el arco es el pie
y el arquero la flecha)

3. el camino consagra a la piedra,
la noche a la llama y el eco al silencio

(la piedra oculta
lo que el fuego dice)

4. la mano a la hoja y el ave a la nube;
el ave a la rama y la mano a la hoguera

(el ave escribe
y la mano olvida)

(score)

1. if the night is the mouth of the wolf
the sheep is the bite

(wolf and sheep share
the same reflection)

2. to know the direction of the clouds
it is necessary to see the archer pull the bowstring
or the foot retrace the path

(the bow is the foot
and the archer the arrow)

3. the path consecrates the stone,
the night the flame and the echo the silence

(the stone hides
what the fire says)

4. the hand to the leaf and the bird to the cloud;
the bird to the branch and the hand to the bonfire

(the bird writes
and the hand forgets)

ah de la vida:

su destello líquido ciega el paso torpe de los tordos,
el capricho de la noche larga como una escritura
que descifra montañas, valles, torres elevadas,
doncellas hilando su profundo sueño
en lecho mullido y con un catalejo para ver de cerca
el vuelo del día en el paisaje desnudo

ah of life:

its liquid flash blinds the clumsy step of thrushes,
the whim of night long as a writing
that deciphers mountains, valleys, elevated towers,
maidens spinning their deep sleep
in soft beds and with a spyglass to see up close
the flight of day in the naked landscape

¿acaso queda algo en la sonrisa de los muertos,
en sus manos azules o la mansa nostalgia
con que contemplan el mundo
ciertos de su “belleza metafísica”?

perhaps something remains in the smiles of the dead,
in their blue hands or the meek nostalgia
with which they contemplate the world
certain of its "metaphysical beauty"?

si poso la mirada en el cristal
la luz ha cambiado y con ella el desplazamiento del aire
con sus arpegios y "música de alas"

si poso la mirada en el cristal
la mariposa ha volado y con ella también la cabellera,
el cuerpo y el aroma a margaritas silvestres

entonces hay un rumor de olas, un balbuceo,
otoño atado al sextante que se adhiere
al panorama fugaz de la ventana

if I gaze at the glass
the light has changed and with it the shifting of the air
with its arpeggios and "wing music"

if I gaze at the glass
the butterfly has flown and with it also the hair,
the body and the aroma of wild daisies

then there is a sound of waves, a babbling,
autumn tied to the sextant that adheres
to the fleeting panorama of the window

en la mirada evolucionan nubes,
paisaje en movimiento,
líneas que desdicen la playa

in the gaze clouds evolve,
landscape in motion,
lines that contradict the beach

(intermedio con aves)

Para Tim McGovern, in memoriam

un vuelo de aves
se levanta con el crepúsculo
y dispersa las islas

(en la garganta
las plumas son un suave temblor
de sílabas)

las aves siguen su curso
en el horizonte sin nubes

(¿de qué manera trazan
el perfil de las olas?)

nadie las ve caer:
sus alas son paréntesis
en el azul del cielo

(el reflejo de un ave
se acomoda las plumas)

(intermission with birds)

For Tim McGovern, in memoriam

a flight of birds
rises with twilight
and scatters the islands

(in the throat
the feathers are a soft tremor
of syllables)

the birds follow their course
in the cloudless horizon

(how do they trace
the profile of the waves?)

nobody sees them fall:
their wings are parentheses
in the blue of the sky

(the reflection of a bird
adjusts its plumage)

la luz asume el curso del agua:
conforme se desprenden las ramas de la tarde
el mosquitero se cubre de cierto vaho pegajoso
y la mesa exhibe un bodegón con uvas y perdices

light assumes the course of the water:
as the branches of the afternoon break off
the mosquito net is covered in a sticky mist
and the table displays a still life with grapes and partridges

A Sara Poot-Herrera, Ilana Luna
y Cheyla Samuelson

la caza es un arte mayor:
nada hay más exacto que correr tras un ciervo
ni más sustancioso que destazar a una perdiz,
el cortejo vacila, los perros ladran,
hay un sobresalto, un arroyo que cruzar,
los árboles crecen, el aire apaga las llamas del sol,
la presa se esfuma, los caballos relinchan
y por último se comprende que ni el ciervo ni la perdiz
habrán de formar parte de la mesa
con frutos violáceos donde se filtra la tarde

to Sara Poot-Herrera, Ilana Luna
and Cheyla Samuelson

hunting is a high art:
nothing is more precise than chasing a deer
nothing more substantial than butchering a partridge
the procession wavers, the dogs bark,
there is a shock, a stream to cross,
the trees grow, the air extinguishes the flames of the sun,
the prey vanishes, the horses neigh
and finally it is understood that neither the deer nor the partridge
will be set on the table
with purplish fruits where the afternoon is filtered

primero el arte de degollar a la perdiz con una navaja,
romper el cuello y las vértebras,
extraer de los ojos la última imagen
y desmontar los huesos para comprobar que el mundo funcione
o que dios no haya errado al crear el organismo
que el cazador ha seguido toda la tarde
como el cuerpo que sestea en el haz de su sombra

first the art of slaughtering the partridge with a knife,
breaking the neck and vertebrae,
extracting from the eyes the last image
and dismantling the bones to confirm that the world functions
or that god has not erred in creating the organism
that the hunter has followed all afternoon
like the body that sleeps in the beam of its shadow

luego la mesa desmiente a la perdiz
como el valle desmiente a la luz y la luz apaga la mesa:
el reflejo termina por ser real,
los niños descubren el cuadro en la cocina,
el bodegón arroja preguntas,
las larvas roen el cráneo de la perdiz,
la humedad enmohece el cuadro
y los personajes recomponen la caza del ciervo

then the table denies the partridge
like the valley denies the light and the light turns off the table:
the reflection ends up being real,
the children discover the painting in the kitchen,
the still life provokes questions,
larvae gnaw the skull of the partridge,
moisture molds the painting
and the characters reenact the hunting of the deer

(fuego y alas)

el paisaje volviendo al ojo
el horizonte y la sombra del agua
el tigre en el ámbar del sol
la perdiz en el centro del fuego
la flecha, el arquero y el blanco

el vuelo volviendo a la sombra
el árbol, el tronco, la espuma
la forma herida en la piedra
la rosa encendida en el aire
el ave en la soledad de la flama

(fire and wings)

the landscape returning to the eye
the horizon and the shadow of the water
the tiger in the amber of the sun
the partridge in the center of the fire
the arrow, the archer, and the target

the flight returning to the shadow
the tree, the trunk, the foam
the form wounded in the stone
the rose burning in the air
the bird in the solitude of the flame

la forma de la piedra asume a la mano
como el espacio al cuerpo,
pero la piedra y el cuerpo no impiden
la dispersión de la mano

the stone assumes the shape of the hand
like space to the body,
but the stone and the body do not prevent
the spreading of the hand

si todo volviera a su cauce
el mar encontraría un espacio en la palabra *mar*,
la soledad de los muertos sería más habitable,
el movimiento más trayectoria,
y menos espacio la palabra *curso*

if everything returned to its course
the sea would find a space in the word *sea,*
the solitude of the dead would be more inhabitable,
movement would be more trajectory,
and the word *course* would take less space

el mosquitero filtra la luz del sol
y la escena doméstica aparece:
los personajes son más barro que forma,
el escenario más agua que ausencia,
y la palabra es tan nómada como el viento
que desordena la copa del árbol

the mosquito net filters the sunlight
and the domestic scene appears:
the characters are more clay than form,
the setting more water than absence,
and the word as nomadic as the wind
that stirs the crown of a tree

algo vuelve al mismo lugar:
las alas de los pájaros que sobrevuelan la tarde,
los árboles que conversan con el movimiento del agua,
la perdiz, el ciervo, el cazador que tensa la ballesta,
la flecha que yerra su objeto...

pasa el sol lento de la mañana,
el reflejo del árbol en el vuelo del ave
y el vuelo del ave en el ojo del día
¿acaso se repite dos veces un mismo acto?

del silencio habrá de dejar constancia la escritura
y de las migraciones las alas:

something returns to the same place:
the wings of birds that fly over the afternoon,
the trees that converse with the movement of water,
the partridge, the deer, the hunter that draws the crossbow,
the arrow that misses its target . . .

the slow morning sun passes,
the reflection of the tree in the flight of the bird
and the flight of the bird in the eye of the day
perhaps the same act repeated twice?

writing should leave us certain of the silence
and the wings of the migrations:

Revelaciones

REVELATIONS

Yo soy el Alfa y la Omega, el principio y el fin.

Apocalipsis 22,13

I am the Alpha and the Omega, the beginning and the end.

Revelation 22:13

*

Dios ha venido a verme y yo no le pregunté de dónde era
ni Él me dio a conocer su Nombre.
Sus ojos parecían dos luceros y de su boca goteaba el mundo,
pero yo sabía que era Él, seguro de sus poderes,
armado de voces y sombras y con dos ángeles enanos
custodiándole el Verbo que despedía llamas y azufre.
Entonces mi voz salía de su jaula y buscaba alcanzar su regazo divino,
y así su Palabra me revelaba los designios del Cielo.

God came to see me and I didn't ask where he was from
nor did He make His Name known to me.
His eyes were like twin stars and the world dripped from his mouth,
but I knew that it was Him, sure of his powers,
armed with voices and shadows and with two dwarf angels
guarding the Verb that gave off flames and sulfur.
From then on, my voice came out of its cage to reach his divine lap
and thus his Word revealed to me the designs of Heaven.

**

Dios ha venido a verme y yo no lo sabía.
Venía con uno de esos ángeles enanos que lo secundan
cuando baja a la tierra para ver a sus hijos
hundirse en el polvo o ahogarse en los mares.
Su barba era una nube donde cabía su Palabra
y su ángel era un bonsái, una impostura del verano.
A veces Dios me enviaba señales de su grandeza
pero yo sólo veía cangrejos,
caracoles y peces ateridos en la playa.
Otras me enviaba a su ángel
y yo intuía a un gallinazo sobrevolando
los huesos de los hijos que no tengo.

God came to see me and I didn't know it.
He came with one of those dwarf angels who support him
when he comes down to Earth to see his children
sink into dust or drown in the seas.
His beard was a cloud where his Word fit
and his angel was a bonsai, a sham of summer.
Sometimes God would send me signs of his grandeur
but I only saw crabs,
snails and fish stiffened on the beach.
Other times he would send me his angel
and I sensed a buzzard flying over
the bones of the children I don't have.

***

Dios ha venido a verme y no me dijo su nombre,
pero yo sabía que era Él quien bajaba a iluminar
la oscuridad de mi cuarto.
Nada me decía Dios y todo me lo decía al oído,
y nada escuchaba yo aunque Él hablaba en voz baja y yo decía *sí*
y las hojas inexistentes de los chopos temblaban en la noche.
Pues Dios me revelaba los secretos de las nubes, el murmullo de los ríos,
las vocales de las fuentes y los pasadizos de las casas antiguas
donde habitan sus ángeles enanos.

God came to see me and didn't tell me his name,
but I knew it was He who came down to illuminate
the darkness of my room.
God said nothing to me and everything to my ear,
and I heard nothing although He spoke in a low voice and I said yes
and the nonexistent leaves of the poplars trembled in the night.
For God revealed to me the secrets of the clouds, the murmur of the rivers,
the vowels of the fountains and the passageways of old houses
where his dwarf angels dwell.

****

Dios ha venido a verme.
Su aspecto era tan imponente que parecía un árbol caído.
Llevaba en sus manos la luz de los Tiempos, la oscuridad de los sordos.
No alzaba los brazos pero el aire discurría ángeles enanos
y auroras en su mirada fluvial.
Lo veía subir y enredarse en su pensamiento de Dios Todopoderoso,
mesarse los cabellos de Medusa y petrificar aves y peces.
Y me hablaba también en secreto y yo le respondía una grieta
porque en realidad no escuchaba su Palabra infinita;
tampoco escuchaba el canto de los ruiseñores
ni las alabanzas de los ángeles en corro
celebrando su Voz y mi silencio ahogado entre pífanos y timbales.
Y así Él asentía hinchado de luz
y con su Dedo innumerable trazaba signos
y las aves y los peces formaban una sola quimera vacía de sí,
un despojo en la sombra de Dios pero llena en cambio de mundo.

God came to see me.
His aspect was so imposing that he seemed like a fallen tree.
He carried the light of Time in his hands, the darkness of the deaf.
He didn't raise his arms but the air teemed with dwarf angels
and auroras in the river of his gaze.
I watched him rise and get tangled up in his thought of Almighty God,
pulling out his Medusa's hair, petrifying birds and fish.
And he also spoke to me in secret and my response cracked
because in reality I was not listening to His infinite word;
nor did I listen to the song of the nightingales
nor the praises of the angels in chorus
celebrating his Voice and my silence drowned between fifes and timpani.
And so He nodded swollen with light
and with his innumerable Finger traced signs
and the birds and the fish formed a single empty chimera of themselves,
a spoil in the shadow of God filled instead with the world.

Invernadero

GREENHOUSE

Para Elena de la Casa Esperón

For Elena de la Casa Esperón

Heliconia

De la sombra lo que aturde es el día, no su ausencia: el amanecer trepa por la heliconia mientras las mariposas arden en la fiebre de la mañana. Y cuando las golondrinas ejecutan su canto, el tallo se desgaja en minúsculos copones que desafían el pulso del suelo.

La heliconia nunca baja ni sube del todo, más bien levita. Si un petirrojo intenta posarse en sus hojas, el envés lo devuelve al aire; si una ninfa asciende por el tallo, el haz teje un giro y la náyade comprueba la existencia del suelo. Siempre a medio estar, el balanceo de la heliconia es una jaculatoria, su silencio una señal.

Heliconia

It is the day that stuns the shadow, not its absence: dawn climbs the heliconia while butterflies burn in the morning fever. And when the swallows sing their song, the stem breaks off into tiny pyxes that defy the pulse of the ground.

The heliconia never goes down nor all the way up, rather it levitates. If a robin tries to perch on its leaves, its undersides send it back into the air; if a nymph climbs the stem, the sheath weaves a twist and the naiad confirms the existence of the ground. Always in the middle of being, the swaying of the heliconia is a prayer, its silence a signal.

Nenúfar

El nenúfar suple la carencia de tierra con la levedad de su cuerpo: los pecíolos tiemblan al beber en la firmeza mentida del espejo porque no tocan el esplendor de la piel sino el eco del aire. Un murmullo de esporas se ramifica en el troquel de su sombra mientras las hojas nimban el cielo. Incluso hay algo de big bang en la formación de ese breve sistema de astros: sus hojas se pliegan y un centenar de libélulas sobrevuelan el espacio en busca de las flores, pero lo único que encuentran es el presentimiento del fondo.

En verdad, el nenúfar es un artificio del agua.

Nymphaeaceae

The water lily makes up for the lack of soil with the lightness of its body: the petioles tremble when drinking the false firmness of the mirror because they do not touch the splendor of the skin but the echo of the air. A murmur of spores branches in the die of its shadow while its leaves cloud the sky. There is even something of the big bang in the formation of that brief system of stars: its leaves fold and hundreds of dragonflies hover in space in search of flowers, but they only find the foreboding bottom.

In truth, the water lily is a device of water.

Caléndula

Pasan las horas, los días y los meses, y la caléndula es un esbozo en el aire. Pero el tiempo no pasa en vano porque las flores crecen sin existir: el boceto de planta se ramifica en el prado mientras los petirrojos revolotean absortos. Basta un golpe de azada en la tierra para que la caléndula despierte del estupor que plantea el horario del sueño. A cada impacto sucede un recuerdo de provincias que no cesan y que, en cambio, extienden sus brazos en el paisaje del cielo; otras veces, un enjambre se planta en la testa amarga del cáliz y las acrobacias de un chupamirto son un zigzag de nave a punto de encallar.

De cerca, la caléndula es un rescoldo en la memoria del fuego.

Calendula

Hours, days, and the months go by, and the marigold is a sketch in the air. But time does not pass in vain because the flowers grow without existing: the outline of the plant branches out in the meadow as robins flutter about, absorbed. A stroke of the hoe on the ground is enough for the calendula to wake up from its stupor laid out by its sleep schedule. At each impact there is a memory of unending provinces that, instead, extend their arms in the expanse of the sky; other times, a swarm plants itself on the bitter head of the calyx and the acrobatics of a hummingbird are a zigzag of a plane about to crash.

Up close, the calendula is an ember in the memory of fire.

Heliotropo

La verdadera vocación del heliotropo es el fuego: las lenguas de su cáliz profanan el espacio mientras el bochorno salta el farallón y la resina del alerce —llama que consume sin dar pena— fija avispas deslumbradas y jirones de nubes. Pero el enjambre no deja escuchar los arpegios del jardín porque su madeja finísima es tan sólo un destello líquido. En ese concierto vegetal el heliotropo es un trasunto del sol que lleva hacia su órbita el mediovuelo de moscardones y trepadoras; de ahí que no extrañe que las flores sean después de todo un golpe de arcabuz. Entonces (y sólo entonces) el heliotropo abre su vaina de labios ondulantes, cópula de oropéndolas dormidas.

Heliotrope

The true vocation of the heliotrope is fire: the tongues of its calyx desecrate space while the swelter leaps over the cliff and larch resin—flame that burns without harming—making dazzled wasps and wisps of clouds pause. But the swarm does not allow the arpeggios of the garden to be heard because its very fine skein is only a liquid glimmer. In that vegetal concert, the heliotrope is an imitation of a sun that brings the midflight of blowflies and climbers into its orbit; hence, it is not surprising that the flowers are after all a blast from an arquebus. Then (and only then) does the heliotrope open its sheath of undulating lips, copulation of orioles asleep.

Convólvulo

A simple vista, el convólvulo se acorta al prolongarse: a cada salto las hojas se encogen, y cada vez que se encogen las hojas suben, y así sucesivamente hasta que la mata desaparece en la espesura del ojo. Sin embargo, la campana es un lóbulo que desaparece y vuelve, un desliz que sabe de alcázares y acequias tal vez porque su resorte es una prolongación del vacío. Un bagre palpita azorado, una mosca frota sus alas, una flecha despluma a una gallina... Da igual: la enredadera es la noche misma tendiendo una celada al cazador más enviso. En ese oropel de vides y flores el convólvulo fija su disfraz de reina, su apenas rizo entre coros y fragancias.

Convolvulus

In plain sight, the convolvulus shortens as it lengthens: with each jump the leaves shrink, and each time they shrink the leaves rise, successively until the bush disappears into the thicket of the eye. Nevertheless, the bell is a lobe that disappears and returns, an indiscretion that knows of fortresses and ditches, perhaps because its spring is an extension of the void. A stunned catfish throbs, a fly rubs its wings, an arrow pierces a hen . . . it doesn't matter: the creeper is night itself laying a trap for the most alert hunter. In that tinsel of vines and flowers the convolvulus fixes its queen's disguise, its hesitations curled between choirs and fragrances.

Helenio

Pese a que el helenio siempre permanece sujeto a la tierra, hay algo de trágico en el sometimiento de su raíz al suelo. No extraña, entonces, que para multiplicarse precise salir de sí. Se trata de ascender sin despegar las raíces del piso o, si se prefiere, de subir sin escalera. Pase de ilusionista, el helenio sobrevuela colinas y palacetes pero el tallo con sus hojas alargadas y etéreas de tanta lumbre desmienten el equilibrio del cielo y confirman la soledad del abismo. Quizá por eso cuando llega la hora el helenio acepta su muerte con resignación digna de una perdiz.

Helenium

Although the helenium always remains subject to the earth, there is something tragic in the submission of its root to the ground. No wonder, then, that in order to multiply it needs to come out of itself. It is a matter of ascending without detaching its roots from the ground or, if one prefers, climbing without a ladder. An illusionist's pass, the helenium hovers over hills and palaces but the stem, with its elongated and ethereal leaves of abundant fire, belie the balance of the sky and confirm the solitude of the abyss. Perhaps that is why, when the time comes, the helenium accepts its death with resignation worthy of a partridge.

Adormidera

El tallo de la adormidera no trepa las bardas porque su deslizamiento entre cardos y bugambilias es azogue que duplica soles, y estos —se sabe bien— no precisan de oro para pactar con el suelo. Así llega la canícula y el campo es, sucesivamente, crepúsculo y mortaja. Sin embargo, de poco se percata la adormidera en su retiro del mundo: los querubines entonan una espesa música que oscurece cortezas y semillas, y las colinas retiran sus ríos, y los cauces rodean valles y pazos, y la adormidera se abre para perfumar las horas de siesta cuando querubines y sauces duermen el sueño de los justos.

Más allá, la marea vuelve como los peces que deja la tarde.

Poppy

The stem of the poppy does not climb fences because its gliding between thistles and bougainvillea is quicksilver that doubles suns, and these—it is well known—do not need gold to make a pact with the ground. Thus, the heat wave arrives and the field is, successively, twilight and shroud. However, little does the poppy notice in its retreat from the world: the cherubs sing a thick music that darkens bark and seeds, and the hills withdraw their rivers, and the channels surround valleys and country houses, and the poppy opens to perfume the siesta hours when cherubs and willows sleep the sleep of the righteous.

Beyond that, the tide returns like the fish that the afternoon leaves behind.

Desplazamientos

DISPLACEMENTS

Carecemos de alas, pero tenemos siempre
suficiente fuerza para caer.
Paul Claudel

. . . aletazos de nada
en la nada: vuelo
y el cielo que se vuelve suelo.
Jorge Eduardo Eielson

We lack wings, but we always have
enough strength to fall.
Paul Claudel

. . . wingbeat from nothing
to nothing: flight
and the sky that becomes the ground.
Jorge Eduardo Eielson

1

No creo en nada,
ni en la lluvia ni en las casas
al fondo de la colina.
El sol retira sus brazos del horizonte
y los pájaros quiebran las ramas de los abetos,
pero tampoco las aves creen.
¿Son sus patas los pequeños dioses
que propician el sol?
Las aves tienen plumas y vuelan,
pero sólo el hombre tiene piernas para caerse.
Los abetos son grandes,
tienen troncos firmes y buenas raíces,
pero sólo el hombre tiene piernas para caerse.
La lluvia limpia aldeas,
pudre tallos y moja aves,
pero sólo el hombre, insisto,
tiene piernas para caerse.
Colinas, soles y abetos crecen
con la lluvia, bajan por mi ventana
o proyectan su sombra en mi mano,
pero abetos, colinas y soles
no pueden evitar la caída del hombre.

1

I don't believe in anything,
not in the rain nor in the houses
at the bottom of the hill.
The sun withdraws its arms from the horizon
and the birds break the branches of the firs,
but the birds don't believe either.
Are their feet little gods
that appease the sun?
The birds have feathers and fly,
but only man has legs to fall.
The firs are tall,
they have strong trunks and good roots,
but only man has legs to fall.
The rain cleanses villages,
it rots stems and dampens birds,
but only man, I insist,
has legs to fall.
Hills, suns, and firs grow
with the rain, they come down through my window
or cast their shadow on my hand,
but firs, hills, and suns
cannot prevent the fall of man.

2

El pie tiende un arco
y el ala forma un paréntesis
sin curso, mas ¿quién pulsa
pluma o carne al espacio abierto?
Si el pie arroja la flecha del paso,
el ave canta en el hombro del día.
Si las hojas tiemblan,
el árbol extiende sus raíces
y el viento petrifica
al ave que canta
en el hombro del día.

(El pie vuelve a tender un arco
y el ala responde
con un golpe sordo, oscuro.)

2

The foot arches
and the wing forms a parenthesis
without course, but who pushes pen or flesh
to open space?
If the foot shoots the arrow of the step,
the bird sings on the shoulder of the day.
If the leaves tremble,
the tree spreads its roots
and the wind petrifies
the bird that sings
on the shoulder of the day.

(The foot arches once again
And the wing responds
with a dull, dark thud.)

3

El cielo es límite del vuelo
y la tierra del paso.
Cielo y tierra se unen cuando el pie
avanza y cubre la distancia
que el ala desciende.
Las plumas se elevan para caer:
el cuerpo sube por gracia del ala
y el pie confirma
la residencia del hombre.

3

The sky is the limit of flight
and the earth of walking.
Heaven and earth meet when a step forward
covers the distance
of the wing's downstroke.
Feathers rise to fall:
the body rises by grace of the wing
and the foot confirms
the residence of man.

4

Si el ave sueña que cae
el descenso es inmediato
y confirma la gravedad de su ala,
tan espuria y doméstica
como el paso del hombre.

4

If the bird dreams of falling
its descent is immediate
and confirms the gravity of its wing,
so spurious and domestic
like the step of man.

5

El ave canta pero sólo el paso
es un canto en sí: breve monólogo
en las baldosas del patio.

5

The bird sings but only one's step
is a song in itself: brief monologue
on the patio tiles.

6

Los pájaros que mueren
caen en el cielo.
El pie no muere, queda inmóvil:
los dedos apuntan a la tierra o las nubes
y el polvo los cubre de blanco
como dunas que forman larvas
en el ojo del ave.

6

The birds that die
fall in the sky.
The foot does not die, it remains immobile:
the fingers point to the earth or clouds
and dust covers them in white
like dunes that form larvae
in the bird's eye.

7

El hombre camina porque no tiene alas
y el pájaro vuela porque se deja llevar;
el pie mide la tierra
antes de caer y el ala rodea el vacío
después de ganar altura.
El pie se demora porque evita arbustos
o recoge polvo del camino;
el ala hunde sus plumas en el viento
y siempre forma una curva exacta.
Si el pie cruza un vado,
la caída es inevitable;
si el ala atraviesa una corriente,
su trayectoria es como una moneda
que sube y cae justo
en el centro del cielo.

(El pájaro sabe de simas
y el hombre de ausencias.)

7

Man walks because he has no wings
and the bird flies because it lets itself be taken away;
the foot measures the earth
before falling and the wing circles the void
after gaining altitude.
The foot is delayed because it avoids bushes
or picks up dust from the road;
the wing sinks its feathers in the wind
and always forms an exact curve.
If the foot crosses a ford,
the fall is inevitable;
if the wing crosses a stream,
its trajectory is like a coin
that rises and falls right
in the center of the sky.

(the bird knows about chasms
and man of absences.)

(ritornello)

paso sin pie
ala sin sombra

vuelve, vuelve
a la ribera
del río

paso veloz
golpe del día

vuelve, vuelve
a la ribera
del río

ala solar
cielo velar

vuelve, vuelve
a la ribera
del río

piso en el paso
ala en el peso

vuelve, vuelve
a la ribera
del río

(ritornello)

step without foot
wing without shadow

come back, come back
to the bank
of the river

swift step
blow of the day

come back, come back
to the bank
of the river

solar wing
veiled sky

come back, come back
to the bank
of the river

floor in step
wing in weight

come back, come back
to the bank
of the river

Notas manuscritas llenas de incógnitas

UNDECIPHERABLE HANDWRITTEN NOTES

La fragmentación del mundo tal vez conduce al fragmento.

Rafael Cadenas

Perhaps the fragmentation of the world leads to the fragment.

Rafael Cadenas

1

Es el esbozo de una frase,
palabra que apenas brota y ya es un eco en las montañas

Es el esbozo de una frase, repito,
y la sílaba se parte en dos y el cielo raso es un satín,
un teatro de sombras en la estancia del ojo

Pero la frase gira y vuelve y se prolonga en el aire
y de pronto el cielo es el mar al revés,
mediovuelo de nube en el reflejo del agua,

1

The spark of a sentence,
word that barely springs and is already an echo in the mountains

I repeat, the spark of a sentence,
and the syllable splits itself in two and the clear sky is satin,
a theater of shadows in the space of the eye

But the sentence turns and comes back and sustains itself in the air
and suddenly the sky is the sea upside down,
half-flight of a cloud reflected in water,

2

Miro la tierra que se mueve bajo mis pies,
miro la tierra

Y miro también el desplazamiento de la noche
inmóvil sólo en mi memoria
que gira en torno a esta tierra dormida

Y entonces miro de nuevo la tierra
que se crea y se destruye cuando la noche gira de nuevo
y mi memoria es tan sólo una playa sin olas,

2

I see the earth move under my feet,
I see the earth

And see also the shifting of the night
motionless only in my memory
which spins around this sleeping earth

And then I see the earth once again
which creates and destroys itself when night once again turns
and my memory is merely a beach without waves,

3

¿Para qué tanto decir?
¿para romper el universo, desgajar el sol
o incendiar los montes?
¿acaso decir garantiza la muerte que garantiza la noche
que garantiza el olvido?

3

Why so much to say?
To tear the universe, split the sun
or set the mountains on fire?
Perhaps speech guarantees death which guarantees the night
which guarantees oblivion?

4

Y aunque quisiera volver al principio,
este verbo —mi verbo— no encuentra la salida
y la casa de las iluminaciones es un pasadizo de espejos
donde tropieza mi lengua,

4

And even though I would like to go back to the beginning,
this verb—my verb—can't find the exit
and the house of illuminations is a hall of mirrors
where my tongue stumbles,

5

Y vendrá el eco siempre lejano a tu voz siempre ausente.

Y entonces volveremos tú y yo a la soledad del abismo,

5

And the echo will come, always distant to your voice, always missing.

And then you and I will return to the solitude of the abyss,

6

Ven lengua y sal de tu boca de mar amarga y después encalla ínsula extraña mientras pronuncio tu memoria de agua y aire que canta oh luminosa en el pecho florido del nombre,

6

Come tongue and salt of your mouth of bitter ocean and after arrive at the strange island's shore while I pronounce your memory of water and air that sings oh luminously in the flowering chest of the noun,

7

¿Queda algo por ver además de este incendio que soy que he sido?

7

Is there anything left to see besides this fire I am that I have been?

8

Nada sale al encuentro de las sílabas salvo estos papeles robados al fuego,

8

Nothing comes out to meet the syllables except these pages stolen from the fire,

9

Un jardín, un ave cantando en la inmensidad del crepúsculo,

9

A garden, a bird singing in the immensity of dusk,

10

Más allá, el silencio del jardín,
las plantas que trepan y asfixian la luna
porque sus ramas y hojas son una madeja de hilo finísimo,
palio tendido entre ramas aéreas,

10

Beyond, the silence of the garden,
plants that climb and suffocate the moon
because their branches and leaves are a skein of very fine thread,
canopy spread between aerial branches,

11

Me abrasa esta noche: estoy lejos de mí,

11

This night's embers embrace me: I am far away from myself,

12

Aun así digo la mano que puebla de árboles estos signos y luego digo el viento y las sílabas de tu nombre pero digo también el silencio y la muerte y la memoria profunda la oscura memoria sobre el papel en llamas,

12

Even so I say the hand that populates these signs with trees and then I say the sky and the syllables of your name but I also say silence and death and depth of memory the darkness of memory over the page in flames,

13

Pues eres tú quien abre la noche y contra ese impulso fugitivo yo sólo puedo llenar de sombras mi boca,

13

So it's you who opens the night and against that fugitive impulse I can only fill my mouth with shadows,

14

Dejo mi testamento a otros labios: quien esté libre de sombra, que arroje la primera piedra,

14

I leave my testament to other lips: may whoever is free of shadow hurl the first stone,

15

Y mi lengua es esta casa que ignora y pregunta y no responde: y mi voz flota y se desprende y rodea los escilas y caribdis de mi memoria: y entonces mi memoria es una oquedad: oído

caracol

recuerdo

de

ciertas

islas

deshabitadas,

15

And my tongue is this house that ignores and asks and doesn't respond: and my voice floats and detaches itself and surrounds the Scylla and Charybdis of memory: and then my memory is a
hollow: an ear
seashell
memory
of
certain
uninhabited
islands,

16

Oh puertos oscuros de este país sin nombre:
apenas aparecen en la orilla
y los barcos sienten ya el deseo de partir con las velas hinchadas
y sin rumbo preciso,

16

O dark harbors of this country without a name:
they barely appear on the shore
and already the ships feel the desire to leave with swollen sails
and without a precise destination,

17

¿Es más profundo el silencio?
¿o es acaso más sutil,
más vacío en su soledad terrestre?

17

Is the silence deeper?
or is it perhaps more subtle,
more empty in its terrestrial solitude?

18

No, no me importa el silencio por su carencia de todo sino por lo que dice de todo,

18

No, I don't care about silence for its lack of everything
but for what it says about everything,

19

Volver a decir es borrar lo ya dicho: más aún, es no decir esta línea, esta vocal, este silencio que supura ángeles,

19

To speak again is to erase what has already been said: even more, it is to not say this line, this vowel, this silence festering with angels,

20

El vacío del ángel es también el vacío del crepúsculo y el vacío del crepúsculo es el mío. Yo escucho las olas golpeando el farallón: sus alas infinitas de agua infinita estallan y revientan en mi retina infinita y suben y bajan la noche infinita que sale de mis labios y oscurece el viento de esta noche infinita,

20

The emptiness of the angel is also the emptiness of dusk and the emptiness of dusk is mine. I listen to the waves crashing against the cliff: infinite wings of infinite water shatter and burst in my infinite retina and make rise and fall the infinite night that leaves my lips and darkens the wind of this infinite night,

21

Pero de pronto un ave aparece en mi boca
y el mundo arde
—ese mundo tan vacío de sí y de todo—
y yo ardo con la boca húmeda
y el universo cae sin sol
y el ángel posa en mí su mirada triste
y entona esta canción oscura,

21

But suddenly a bird appears in my mouth
and the world burns
—that world so empty of itself and everything—
and I burn with a wet mouth
and the universe falls without a sun
and the angel sets in me its gaze of sadness
and sings this dark song,

22

Y así extiendo mi voz herida,
resonante pliegue de niebla y verba,
amanecida vocal que tiembla y sube y baja
cuando tu cuerpo ondula en el tiempo vegetal
y este canto destruido deja de ser mío,

22

And in this way I extend my wounded voice,
resonant fold of fog and fluency,
dawning vowel that trembles and rises and falls
when your body undulates in vegetal time
and this destroyed song ceases to be mine,

23

Salir y no mirar atrás: lo que se queda vuelve, lo que vuelve cesa, lo que cesa sigue: es el río que rodea los campos y riza nubes y montes; es el sol que retrocede y en su memoria desplaza islas, aguas, cielo; es un ángel y en sus alas viene el aire y la certeza de la muerte, el sueño negro,

23

To leave and not look back: what remains returns, what returns ceases, what ceases goes on: it is the river that surrounds the fields and crimps clouds and mountains; it is the sun that recedes shifting islands, waters, and sky in its memory; it is an angel and, in its wings, comes the air and certainty of death, the dark dream,

24

Y he aquí que mi lengua es la noche y el día,
el paso entre el asombro y la sombra,
pero también es el tigre
que encierra el silencio en la luz de su furia,

24

And, behold, my tongue is night and day,
the passage between wonder and shadow,
but it is also the tiger
that encloses silence in the light of its fury,

25

Y yo elijo este tropel de potros que bajan y golpean la página húmeda:

desprendimiento

            verbo

                  relincho

                        caída,

25

And I choose this band of foals that descend and hit the damp page:

detachment

        verb

                neigh

                        fall,

26

El arpa que no se tañe,
la flauta que no se ejecuta, el nombre que no se profiere,
la sombra que no existe,
¿qué son sino vacío en la soledad de mi pecho?

26

The harp not plucked,
the flute not played, the name not uttered,
the shadow that does not exist,
what are these but emptiness in the solitude of my chest?

27

Qué espléndida forma la del sueño,
qué materia tan impedida de sí, entre zarzas que arden,
toda la noche vacilando,

27

What a splendid form that of dreaming,
what matter so impeded of itself, between brambles that burn,
all night wavering,

28

Sin embargo, ¿qué resta además del sueño?
Quizá sólo la pericia de la muerte
o el resplandor de ciertas cosas que se olvidan
y jamás se encuentran,

28

Nevertheless, what remains besides the dream?
Perhaps only the expertise of death
or the gleam of certain things that are forgotten
and never found,

29

¿En verdad nos medimos por lágrimas?
¿o son las olas la pausa que nunca acaba
y lo profundo del mar el cielo al revés
midiendo la caída y luego el quejido
y al final el eco?

29

In truth, do we measure ourselves in tears?
Or are the waves the pause that never ends
and the depth of the sea the sky upside down
measuring the fall and then the groan
and in the end the echo?

30

Entonces la tierra tendrá la gravedad
que los muertos conocen.
Pero ni así diré tus ojos
y todo volverá al silencio de la noche que pasa,

30

Then the earth will have the gravity
the dead know.
But not even then will I say your eyes
and everything will return to the silence of the passing night,

31

¿Y el horror?
¿dónde está el horror que describe el profeta
en sus versos de sal y fuego?
¿en qué línea se recupera el asombro incierto,
la caricia efímera,
la desnudez anterior al origen?

31

And horror?
Where is the horror the prophet describes
in verses of salt and fire?
In which line is the uncertain astonishment recovered,
the ephemeral caress,
the nakedness before the origin?

32

Nadie puede decir "húmedo sol terrestre"
y no sentir escozor en los labios

Tampoco es posible decir "lengua llena de sombra"
sin que salga la noche

Mucho menos decir "vaina oscura, hoja que tiembla"
y después callar sin sentir agobio en el corazón
y en la lengua ciega y en el ojo mudo

Porque tibia es en el fondo la soledad de la muerte,

32

Nobody can say "wet terrestrial sun"
without feeling a burning on the lips

It's also not possible to say "tongue filled with shadows"
without night falling

Much less say " dark sheath, leaf that trembles "
and afterward keep quiet without feeling a strain in the heart
and in the blind tongue and in the mute eye

Because ultimately the solitude of death is warm,

33

Que alguien responda esta pregunta
que alguien responda

Que alguien abra un subterráneo en la sangre
que alguien lo abra

Que alguien rompa esta frase
que alguien la rompa

Que alguien caiga en su eco
que alguien caiga

Y que jamás vuelva
y que jamás vuelva
y que jamás vuelva,

33

Someone answer this question
someone answer

Someone open a tunnel in the blood
someone open it

Someone break this sentence
someone break it

Someone fall into their echo
someone fall

And never come back
and never come back
and never come back,

Marginalia

Además de los epígrafes y de los homenajes dedicados a varios poetas, y al pintor John Singer Sargent, en este libro hay referencias al diario *El País* y a títulos y versos de S.T. Coleridge, José Carlos Becerra, Luis de Góngora, Charles Baudelaire, Pablo Neruda, António Vieira, Diego Durán, Balam Rodrigo, Roberto Rico, José Lezama Lima, Elsa Cross, Madredeus, José Emilio Pacheco, Alejandra Pizarnik, San Juan de la Cruz, Carlos Pellicer y Jaime Sabines.

Marginalia

In addition to the epigraphs and the homage dedicated to various poets and the painter John Singer Sargent, in this book there are references to the newspaper, *El País*, and to titles and lines from S.T. Coleridge, José Carlos Becerra, Luis de Góngora, Charles Baudelaire, Pablo Neruda, António Vieira, Diego Durán, Balam Rodrigo, Roberto Rico, José Lezama Lima, Elsa Cross, Madredeus, José Emilio Pacheco, Alejandra Pizarnik, Saint John of The Cross, Carlos Pellicer, and Jaime Sabines.

PARTNERS

FIRST EDITION MEMBERSHIP
Anonymous (9)
Donna Wilhelm

TRANSLATOR'S CIRCLE
Ben & Sharon Fountain
Meriwether Evans

PRINTER'S PRESS MEMBERSHIP
Allred Capital Management
Robert Appel
Charles Dee Mitchell
Cullen Schaar
David Tomlinson & Kathryn Berry
Jeff Leuschel
Judy Pollock
Loretta Siciliano
Lori Feathers
Mary Ann Thompson-Frenk & Joshua Frenk
Matthew Rittmayer
Nick Storch
Pixel and Texel
Social Venture Partners Dallas
Stephen Bullock

AUTHOR'S LEAGUE
Christie Tull
Farley Houston
Jacob Seifring
Lissa Dunlay
Stephen Bullock
Steven Kornajcik
Thomas DiPiero

PUBLISHER'S LEAGUE
Adam Rekerdres
Christie Tull
Justin Childress
Kay Cattarulla
KMGMT
Olga Kislova

EDITOR'S LEAGUE
Amrit Dhir
Brandon Kennedy
Dallas Sonnier
Garth Hallberg
Greg McConeghy
Linda Nell Evans
Mary Moore Grimaldi
Mike Kaminsky
Patricia Storace
Ryan Todd
Steven Harding
Suejean Kim
Symphonic Source
Wendy Belcher

READER'S LEAGUE
Caitlin Baker
Caroline Casey
Carolyn Mulligan
Chilton Thomson
Cody Cosmic & Jeremy Hays
Jeff Waxman
Joseph Milazzo
Kayla Finstein
Kelly Britson
Kelly & Corby Baxter
Marian Schwartz & Reid Minot
Marlo D. Cruz Pagan
Maryam Baig
Peggy Carr
Susan Ernst

ADDITIONAL DONORS
Alan Shockley
Amanda & Bjorn Beer
Andrew Yorke
Anonymous (10)
Anthony Messenger
Ashley Milne Shadoin
Bob & Katherine Penn
Brandon Childress
Charley Mitcherson
Charley Rejsek
Cheryl Thompson
Chloe Pak
Cone Johnson
CS Maynard
Daniel J. Hale
Daniela Hurezanu
Dori Boone-Costantino
Ed Nawotka
Elizabeth Gillette
Erin Kubatzky
Ester & Matt Harrison
Grace Kenney
Hillary Richards
JJ Italiano
Jeremy Hughes
John Darnielle
Julie Janicke Muhsmann
Kelly Falconer
Laura Thomson
Lea Courington
Leigh Ann Pike
Lowell Frye
Maaza Mengiste

pixel texel

ADDITIONAL DONORS, CONT'D

Mark Haber
Mary Cline
Maynard Thomson
Michael Reklis
Mike Soto
Mokhtar Ramadan
Nikki & Dennis Gibson
Patrick Kukucka
Patrick Kutcher
Rev. Elizabeth & Neil Moseley
Richard Meyer
Scott & Katy Nimmons
Sherry Perry
Sydneyann Binion
Stephen Harding
Stephen Williamson
Susan Carp
Susan Ernst
Theater Jones
Tim Perttula
Tony Thomson

SUBSCRIBERS

Margaret Terwey
Ben Fountain
Gina Rios
Elena Rush
Courtney Sheedy
Caroline West
Brian Bell
Charles Dee Mitchell
Cullen Schaar
Harvey Hix
Jeff Lierly
Elizabeth Simpson
Nicole Yurcaba
Jennifer Owen
Melanie Nicholls
Alan Glazer
Michael Doss
Matt Bucher
Katarzyna Bartoszynska
Michael Binkley
Erin Kubatzky
Martin Piñol
Michael Lighty
Joseph Rebella
Jarratt Willis
Heustis Whiteside
Samuel Herrera
Heidi McElrath
Jeffrey Parker
Carolyn Surbaugh
Stephen Fuller
Kari Mah
Matt Ammon
Elif Ağanoğlu

AVAILABLE NOW FROM DEEP VELLUM

MARIA GABRIELA LLANSOL · *The Geography of Rebels Trilogy: The Book of Communities; The Remaining Life; In the House of July & August* · translated by Audrey Young · PORTUGAL

PABLO MARTÍN SÁNCHEZ · *The Anarchist Who Shared My Name* · translated by Jeff Diteman · SPAIN

DOROTA MASŁOWSKA · *Honey, I Killed the Cats* · translated by Benjamin Paloff · POLAND

BRICE MATTHIEUSSENT· *Revenge of the Translator* · translated by Emma Ramadan · FRANCE

LINA MERUANE · *Seeing Red* · translated by Megan McDowell · CHILE

VALÉRIE MRÉJEN · *Black Forest* · translated by Katie Shireen Assef · FRANCE

FISTON MWANZA MUJILA · *Tram 83* · *The River in the Belly: Selected Poems* · translated by Bret Maney DEMOCRATIC REPUBLIC OF CONGO

GORAN PETROVÍC · *At the Lucky Hand, aka The Sixty-Nine Drawers* · translated by Peter Agnone · SERBIA

LUDMILLA PETRUSHEVSKAYA · *The New Adventures of Helen: Magical Tales* · translated by Jane Bugaeva · RUSSIA

ILJA LEONARD PFEIJFFER · *La Superba* · translated by Michele Hutchison · NETHERLANDS

RICARDO PIGLIA · *Target in the Night* · translated by Sergio Waisman · ARGENTINA

SERGIO PITOL · *The Art of Flight* · *The Journey* · *The Magician of Vienna* · *Mephisto's Waltz: Selected Short Stories* · *The Love Parade* · translated by George Henson · MEXICO

JULIE POOLE · *Bright Specimen: Poems from the Texas Herbarium* · USA

EDUARDO RABASA · *A Zero-Sum Game* · translated by Christina MacSweeney · MEXICO

ZAHIA RAHMANI · *"Muslim": A Novel* · translated by Matthew Reeck · FRANCE/ALGERIA

MANON STEFFAN ROS · *The Blue Book of Nebo* · WALES

JUAN RULFO · *The Golden Cockerel & Other Writings* · translated by Douglas J. Weatherford · MEXICO

ETHAN RUTHERFORD · *Farthest South & Other Stories* · USA

TATIANA RYCKMAN · *Ancestry of Objects* · USA

JIM SCHUTZE · *The Accommodation* · USA

OLEG SENTSOV · *Life Went On Anyway* · translated by Uilleam Blacker · UKRAINE

MIKHAIL SHISHKIN · *Calligraphy Lesson: The Collected Stories* · translated by Marian Schwartz, Leo Shtutin, Mariya Bashkatova, Sylvia Maizell · RUSSIA

ÓFEIGUR SIGURÐSSON · *Öræfi: The Wasteland* · translated by Lytton Smith · ICELAND

DANIEL SIMON, ED. · *Dispatches from the Republic of Letters* · USA

MUSTAFA STITOU · *Two Half Faces* · translated by David Colmer · NETHERLANDS

SOPHIA TERAZAWA · *Winter Phoenix: Testimonies in Verse* · USA

MÄRTA TIKKANEN · *The Love Story of the Century* · translated by Stina Katchadourian · SWEDEN

BOB TRAMMELL · *Jack Ruby & the Origins of the Avant-Garde in Dallas & Other Stories* · USA

BENJAMIN VILLEGAS · *ELPASO: A Punk Story* · translated by Jay Noden · SPAIN

SERHIY ZHADAN · *Voroshilovgrad* · translated by Reilly Costigan-Humes & Isaac Wheeler · UKRAINE

FORTHCOMING FROM DEEP VELLUM

MARIO BELLATIN • *Etchapare* • translated by Shook • MEXICO

CAYLIN CARPA-THOMAS • *Iguana Iguana* • USA

MIRCEA CĂRTĂRESCU • *Solenoid* • translated by Sean Cotter • ROMANIA

TIM COURSEY • *Driving Lessons* • USA

ANANDA DEVI • *When the Night Agrees to Speak to Me* • translated by Kazim Ali • MAURITIUS

DHUMKETU • *The Shehnai Virtuoso* • translated by Jenny Bhatt • INDIA

LEYLÂ ERBIL • *A Strange Woman* • translated by Nermin Menemencioğlu & Amy Marie Spangler • TURKEY

ALLA GORBUNOVA • *It's the End of the World, My Love* • translated by Elina Alter • RUSSIA

NIVEN GOVINDEN • *Diary of a Film* • GREAT BRITAIN

GYULA JENEI • *Always Different* • translated by Diana Senechal · HUNGARY

DIA JUBAILI • *No Windmills in Basra* • translated by Chip Rosetti • IRAQ

ELENI KEFALA • *Time Stitches* • translated by Peter Constantine • CYPRUS

UZMA ASLAM KHAN • *The Miraculous True History of Nomi Ali* • PAKISTAN

ANDREY KURKOV • *Grey Bees* • translated by Boris Drayluk • UKRAINE

JORGE ENRIQUE LAGE • *Freeway La Movie* • translated by Lourdes Molina • CUBA

TEDI LÓPEZ MILLS • *The Book of Explanations* • translated by Robin Myers • MEXICO

ANTONIO MORESCO • *Clandestinity* • translated by Richard Dixon • ITALY

FISTON MWANZA MUJILA • *The Villain's Dance* • translated by Roland Glasser • DEMOCRATIC REPUBLIC OF CONGO

N. PRABHAKARAN • *Diary of a Malayali Madman* • translated by Jayasree Kalathil • INDIA

THOMAS ROSS • *Miss Abracadabra* • USA

IGNACIO RUIZ-PÉREZ • *Isles of Firm Ground* • translated by Mike Soto • MEXICO

LUDMILLA PETRUSHEVSKAYA • *Kidnapped: A Crime Story* • translated by Marian Schwartz • RUSSIA

NOAH SIMBLIST, ed. • *Tania Bruguera: The Francis Effect* • CUBA

S. YARBERRY • *A Boy in the City* • USA